Impressum
Verlag: BABADADA GmbH, Nedderfeld 112 , 22529 Hamburg
Geschäftsführer / Verlagsleitung: Harald Hof
Druck: Books on Demand GmbH, In de Tarpen 42, 22848 Norderstedt

Imprint
Publisher: BABADADA GmbH, Nedderfeld 112 , 22529 Hamburg, Germany
Managing Director / Publishing direction: Harald Hof
Print: Books on Demand GmbH, In de Tarpen 42, 22848 Norderstedt

lekol
koulu

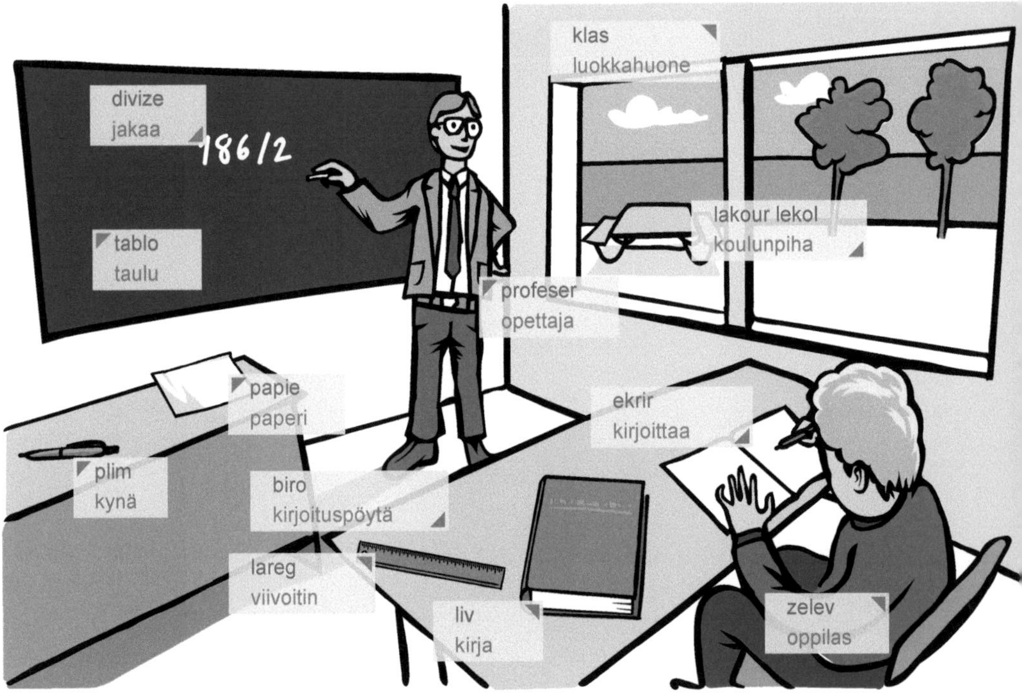
klas
luokkahuone
divize
jakaa
186/2
tablo
taulu
lakour lekol
koulunpiha
profeser
opettaja
papie
paperi
ekrir
kirjoittaa
plim
kynä
biro
kirjoituspöytä
lareg
viivoitin
liv
kirja
zelev
oppilas

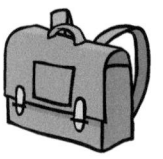

sak lekol
reppu

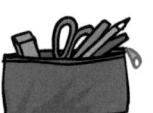

plimie
penaali

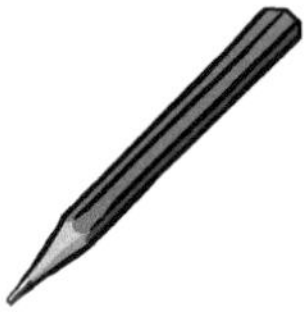

kreyon
lyijykynä

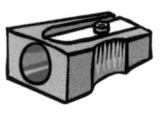

egizwar
kynänteroitin

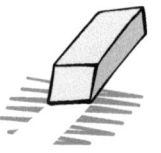

gom
pyyhekumi

kaye desin
piirustuslehtiö

desin

piirustus

pinso

pensseli

bwat lapintir

vesivärit

sizo

sakset

lakol

liima

kaye devwar

harjoituskirja

devwar

kotitehtävä

nimero

luku

azoute

lisätä

retire

vähentää

miltipliye

kertoa

kalkile

laskea

let

kirjain

alfabet

aakkoset

mo

sana

text

teksti

lir

lukea

lakre

liitu

leson

oppitunti

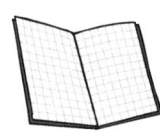

rezis

opettajan muistikirja

lexame

koe

sertifika

todistus

iniform lekol

koulupuku

ledikasion

koulutus

lansiklopedi

sanakirja

liniversite

yliopisto

mikroskop

mikroskooppi

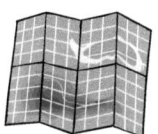

map

kartta

poubel

roskakori

vwayaz
matka

lotel
hotelli
Grand
loberz
retkeilymaja
ROOMS
biro sanz
rahanvaihto
valiz
matkalaukku
loto
auto

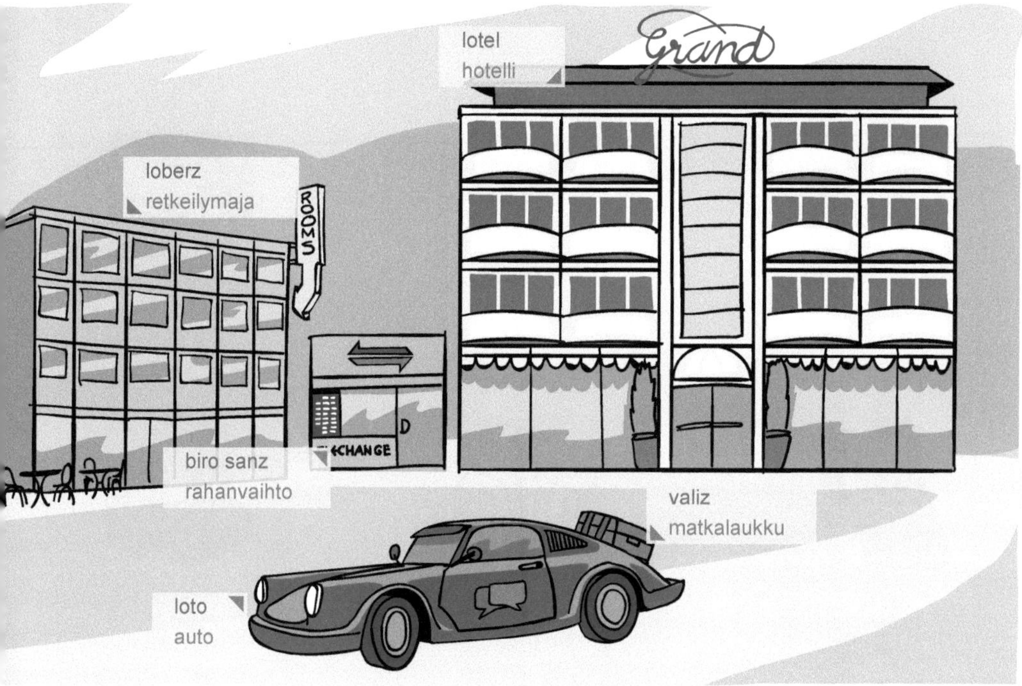

langaz

kieli

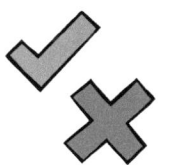

wi / non

kyllä / ei

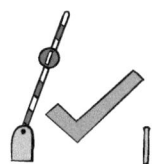

okay

selvä

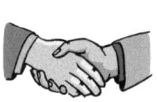

Alo

hei

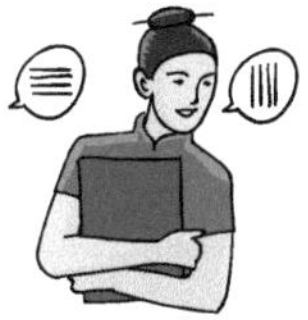

tradikter

tulkki

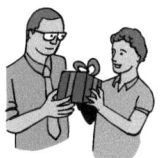

Mersi

kiitos

komie sa..?

Paljonko...maksaa?

Mo pa pe konpran

en ymmärrä

problem

ongelma

Bonswar!

Hyvää iltaa!

Bonzour!

Hyvää huomenta!

Bonn nwi!

Hyvää yötä!

o-revwar

näkemiin

direksion

suunta

bagaz

matkatavarat

sak

laukku

sak-a-do

reppu

ot

vieras

pies

huone

sak kousaz

makuupussi

latant

teltta

lofis tourism

turisti-info

laplaz

ranta

kart kredi

luottokortti

ti-dezene

aamupala

dezene

lounas

dine

päivällinen

biye

matkalippu

lasanser

hissi

tem

postimerkki

frontier

raja

ladwann

tulli

lanbasad

suurlähetystö

viza

viisumi

paspor

passi

transpor
kuljetus

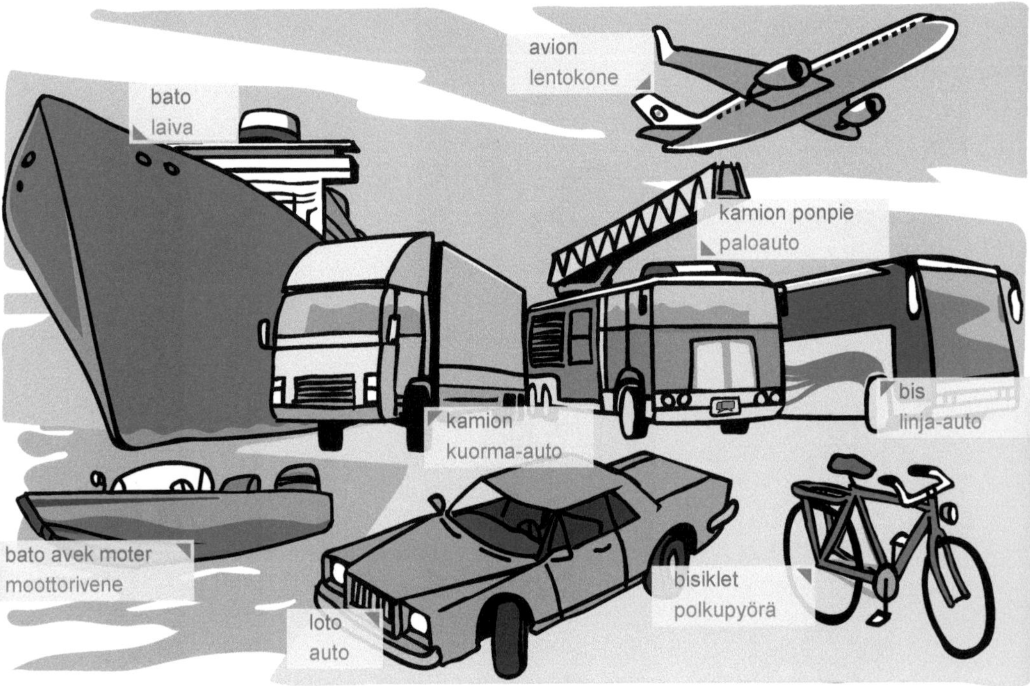

avion
lentokone
bato
laiva
kamion ponpie
paloauto
kamion
kuorma-auto
bis
linja-auto
bato avek moter
moottorivene
bisiklet
polkupyörä
loto
auto

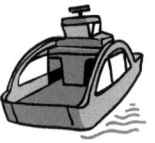

feri
lautta

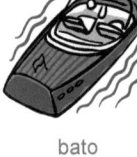

bato
vene

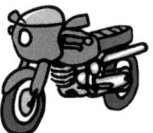

motosiklet
moottoripyörä

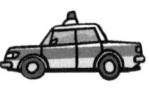

loto lapolis
poliisiauto

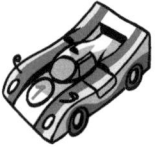

loto lekours
kilpa-auto

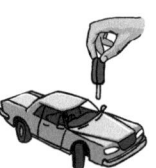

loto lokasion
vuokra-auto

ko-vwatiraz

car sharing

kamion towing

hinausauto

kamion salte

roska-auto

moter

moottori

lesans

polttoaine

filing

huoltoasema

pano indikasion

liikennemerkki

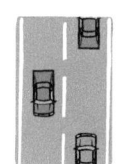

trafik

liikenne

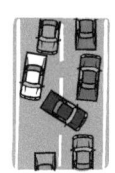

anbouteyaz

ruuhka

parking

parkkipaikka

stasion trin

rautatieasema

ray

raiteet

trin

juna

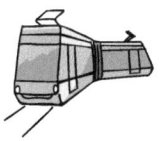

tram

raitiovaunu

vagon

vaunu

elikopter

helikopteri

aeropor

lentokenttä

towing

lähilennonjohto

pasaze

matkustaja

kontener

kontti

karton

pahvilaatikko

sario

kärryt

panie

kori

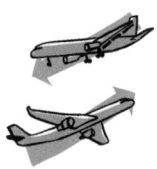

dekole / aterir

nousta / laskea

lavil

kaupunki

vilaz

kylä

sant-vil

keskusta

lakaz

talo

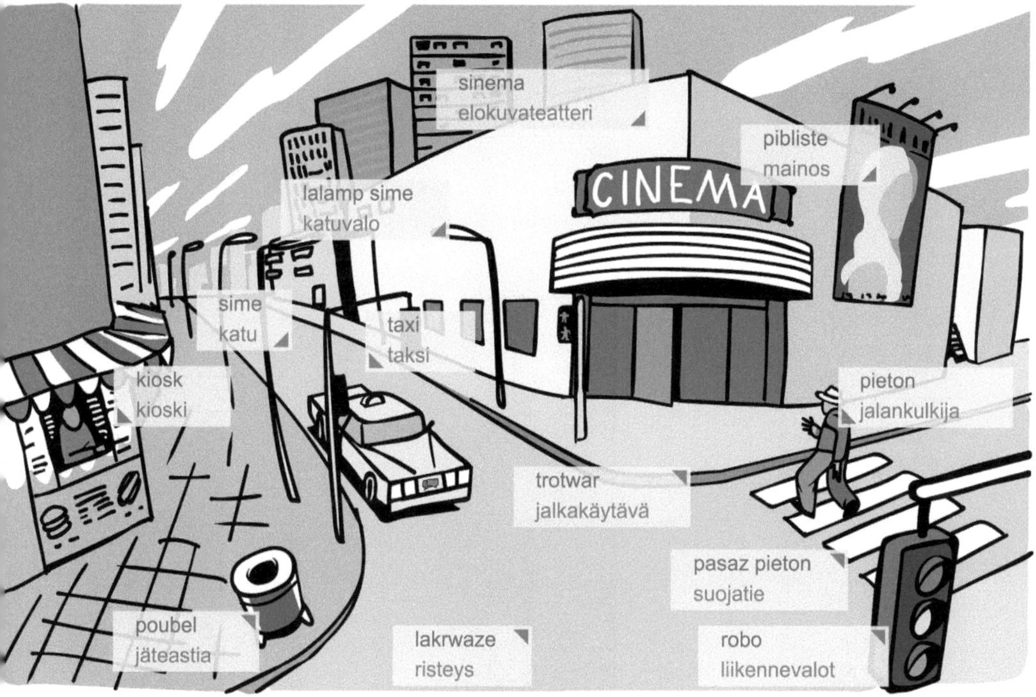

sinema
elokuvateatteri

pibliste
mainos

lalamp sime
katuvalo

CINEMA

sime
katu

taxi
taksi

kiosk
kioski

pieton
jalankulkija

trotwar
jalkakäytävä

pasaz pieton
suojatie

poubel
jäteastia

lakrwaze
risteys

robo
liikennevalot

kabann
....
mökki

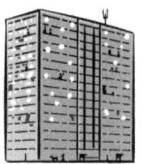

flat
....
kerrostalo

stasion trin
....
rautatieasema

minisipalite
....
kaupungintalo

mize
....
museo

lekol
....
koulu

liniversite

yliopisto

labank

pankki

lopital

sairaala

lotel

hotelli

farmasi

apteekki

biro

toimisto

libreri

kirjakauppa

magazin

liike

fleris

kukkakauppa

sipermarse

supermarketti

bazar

tori

gran magazin

tavaratalo

pwasonnri

kalakauppias

sant komersial

ostoskeskus

lepor

satama

park

puisto

labank

penkki

pon

silta

leskalie

portaat

metro

metro

tinel

tunneli

bistop

linja-autopysäkki

bar

baari

restoran

ravintola

bwat-a-let

postilaatikko

pano

katukyltti

parkmet

parkkimittari

zoo

eläintarha

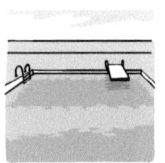

pisinn

uimala

moske

moskeija

laferm
maatila

polision
ympäristön saastuminen

simitier
hautausmaa

legliz
kirkko

lespas pou zwe
leikkikenttä

tanp
temppeli

peizaz
maisema

fey
lehti

pano indikasion
tienviitta

sime
tie

preri
niitty

ros
kivi

randonner
retkeilijä

pie
puu

larivier
joki

lerb
ruoho

fler
kukka

lavale

laakso

kolinn

vuori

lak

järvi

bwa

metsä

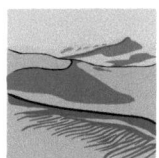

dezer

aavikko

volkan

tulivuori

sato

linna

larkansiel

sateenkaari

sanpinion

sieni

palmie

palmu

moutik

hyttynen

mous

kärpänen

fourmi

muurahainen

abey

mehiläinen

zarenie

hämähäkki

koksinel

kovakuoriainen

grenouy

sammakko

ekirey

orava

erison

siili

lapin

jänis

ibou

pöllö

zwazo

lintu

sign

joutsen

sangliye

villisika

serf

peura

elan

hirvi

dam

pato

eolienn

tuulimylly

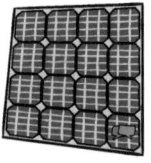

pano soler

aurinkopaneeli

klima

ilmasto

restoran
ravintola

server
tarjoilija
meni
ruokalista
sez
tuoli
lasoup
keitto
pizza
pitsa
kouver
ruokailuvälineet
nap
pöytäliina

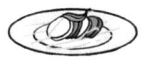

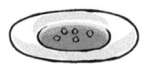

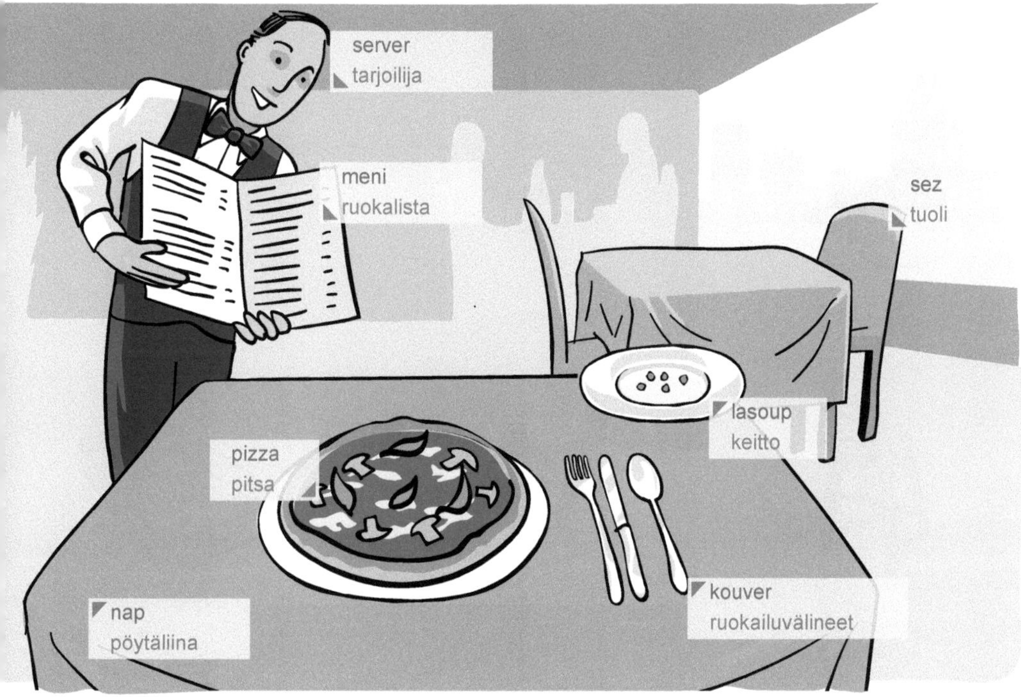

lantre
alkuruoka

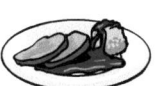

pla prinsipal
pääruoka

deser
jälkiruoka

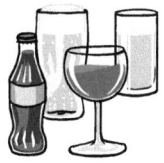

labwason
juomat

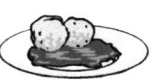

manze
ruoka

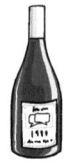

boutey
pullo

fast food

pikaruoka

take-away

katuruoka

teyer

teekannu

po disik

sokeriastia

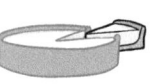

porsion

annos

masinn expresso

espressokeitin

sez-ot

syöttötuoli

bill

lasku

plato

tarjotin

kouto

veitsi

fourset

haarukka

kwiyer

lusikka

ti-kwiyer

teelusikka

serviet

servietti

ver

lasi

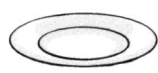

lasiet

lautanen

lasiet

syvä lautanen

soukoup

aluslautanen

lasos

kastike

po disel

suolasirotin

moulin dipwav

pippurimylly

vineg

etikka

delwil

öljy

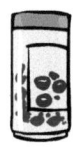

zepis

mausteet

ketchup

ketsuppi

lamoutard

sinappi

mayonez

majoneesi

sipermarse
supermarketti

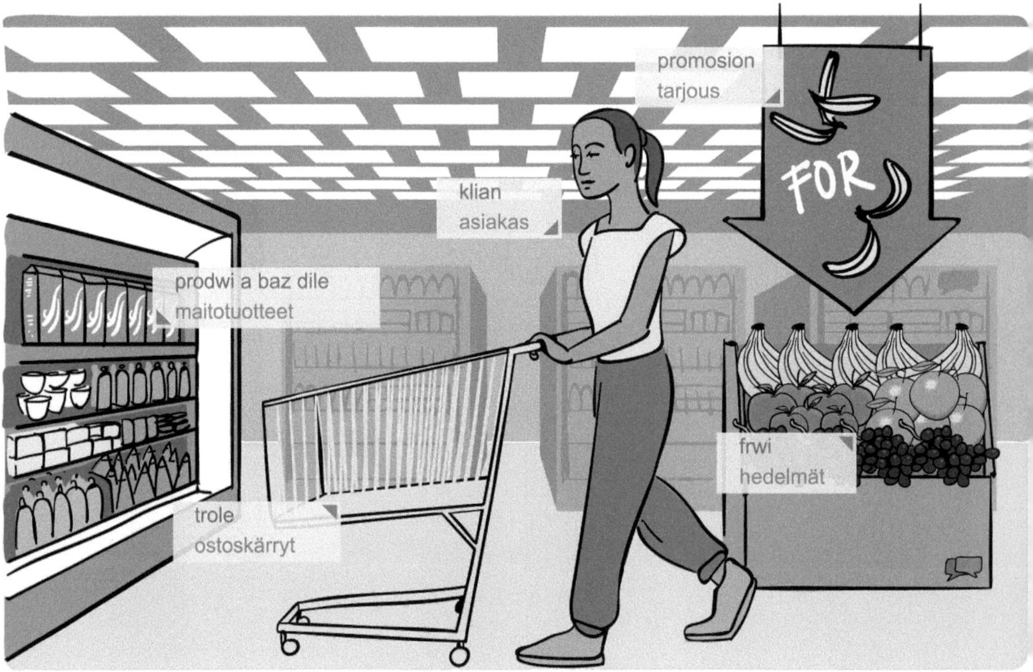

promosion
tarjous
FOR
klian
asiakas
prodwi a baz dile
maitotuotteet
frwi
hedelmät
trole
ostoskärryt

BUTCHERS

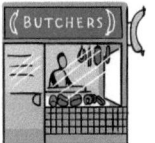

bousri

teurastamo

BAKERY

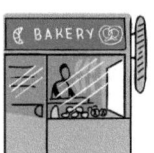

boulanzri

leipomo

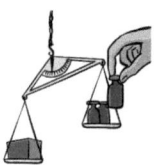

peze

punnita

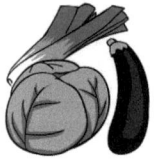

legim

kasvikset

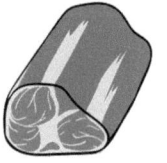

laviann

liha

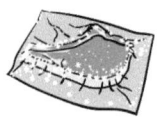

aliman konzele

pakasteet

sarkitri

leikkele

bwat konserv

säilykkeet

lapoud masinn

pesujauhe

bonbon

makeiset

komision

kotitaloustarvikkeet

deterzan

puhdistusaineet

vandez

myyjä

lakes

kassa

kesie

kassanhoitaja

lalis komision

ostoslista

ouvertir

aukioloajat

portfey

lompakko

kart kredi

luottokortti

sak

kassi

sak plastik

muovipussi

delo

vesi

zi

mehu

dile

maito

coca

kokis

divin

viini

labier

olut

lalkol

alkoholi

sokola so

kaakao

dite

tee

kafe

kahvi

expresso

espresso

cappuccino

cappuccino

banann

banaani

pom

omena

zoranz

appelsiini

melon

meloni

sitron

sitruuna

karot

porkkana

lay

valkosipuli

banbou

bambu

zwayon

sipuli

sanpiyon

sieni

nwazet

pähkinät

minn

spagetti

spageti

spagetti

diri

riisi

salad

salaatti

chips

ranskalaiset

pomdeter frir

paistetut perunat

pizza

pitsa

burger

hampurilainen

sandwich

voileipä

eskalop

leike

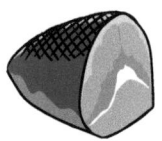

zanbon

kinkku

salami

salami

sosis

makkara

poul

kana

roti

paisti

pwason

kala

oatmeal

kaurahiutaleet

muesli

mysli

kornbif

murot

lafarinn

jauho

krwasan

voisarvi

ti-dipin

sämpylä

dipin

leipä

dipin griye

paahtoleipä

biskwi

keksit

diber

voi

fromaz blan

rahka

gato

kakku

dizef

kananmuna

dizef frir

paistettu kananmuna

fromaz

juusto

sorbe

jäätelö

disik

sokeri

dimiel

hunaja

konfitir

hillo

nouga

suklaapähkinälevite

kari

curry

laferm

maatila

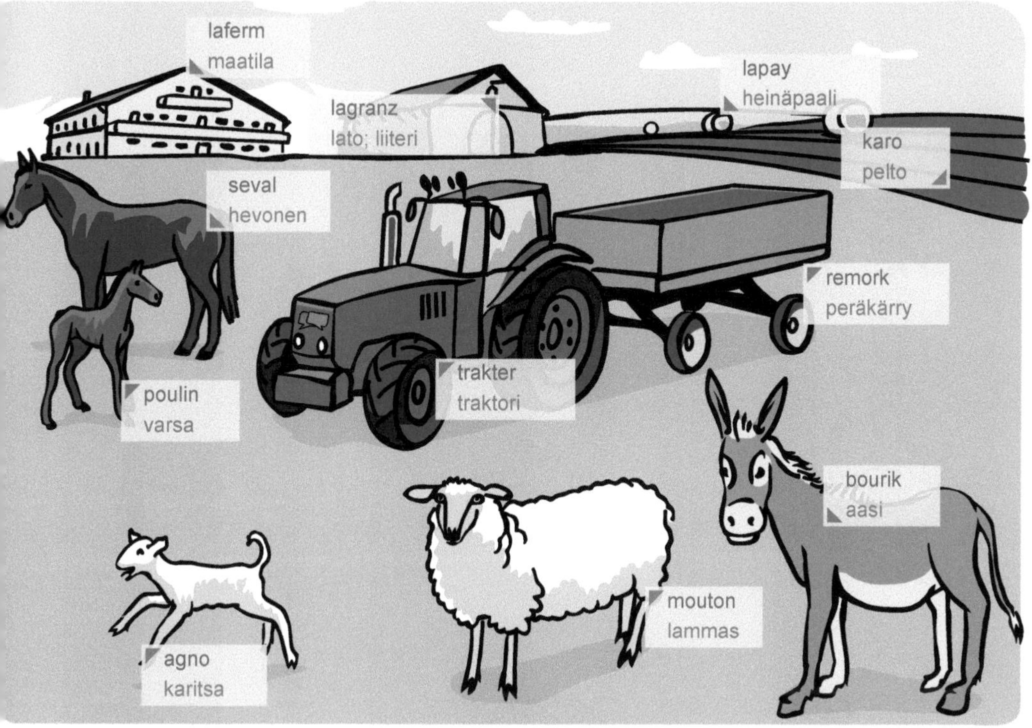
laferm
maatila
lagranz
lato; liiteri
lapay
heinäpaali
karo
pelto
seval
hevonen
remork
peräkärry
trakter
traktori
poulin
varsa
bourik
aasi
mouton
lammas
agno
karitsa

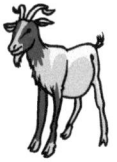

kabri

vuohi

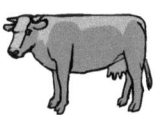

vas

lehmä

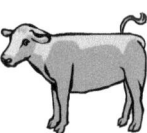

vo

vasikka

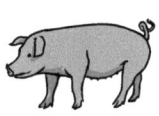

koson

sika

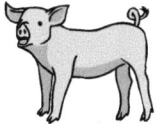

ti-koson

porsas

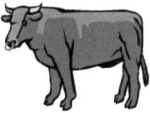

toro

sonni

lezwa

hanhi

kanar

ankka

pousin

tipu

poul

kana

kok

kukko

lera

rotta

sat

kissa

souri

hiiri

bef

härkä

lisien

koira

lakaz lisien

koirankoppi

tiyo

puutarhaletku

arozwar

kastelukannu

laserp

viikate

saret

aura

fosi

sirppi

pios

kuokka

fours

talikko

lars

kirves

bouret

kottikärryt

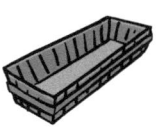

kiv

kaukalo

bwat dile

maitokannu

sak

säkki

fencing

aita

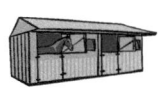

letab

talli

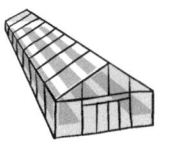

laser

kasvihuone

later

maa

lagrin

siemen

langre

lannoite

masinn pou fer rekolt

leikkuupuimuri

rekolte

kerätä sato

rekolt

sato

ignam

jamssit

dible

vehnä

soya

soija

pomdeter

peruna

may

maissi

colza

rypsi

zarb frwitie

hedelmäpuu

maniok

maniokki

sereal

vilja

lakaz
talo

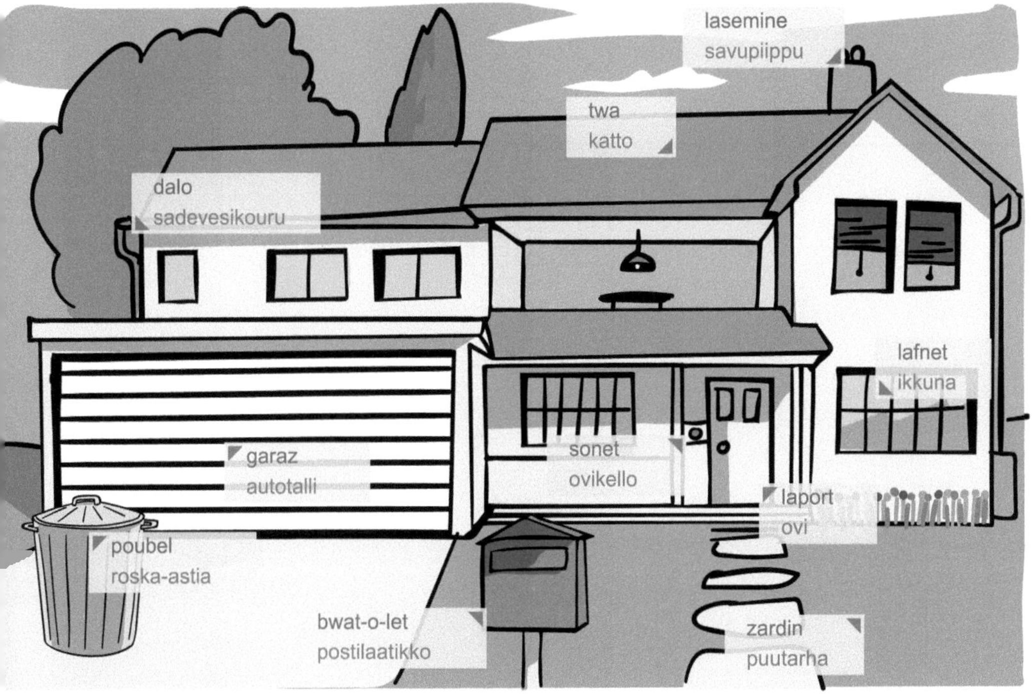
lasemine
savupiippu
twa
katto
dalo
sadevesikouru
lafnet
ikkuna
garaz
autotalli
sonet
ovikello
laport
ovi
poubel
roska-astia
bwat-o-let
postilaatikko
zardin
puutarha

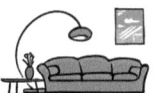

salon

olohuone

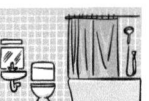

saldebin

kylpyhuone

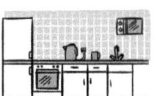

lakwizinn

keittiö

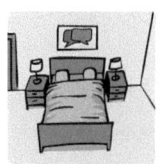

lasam

makuuhuone

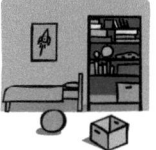

lasam zanfan

lastenhuone

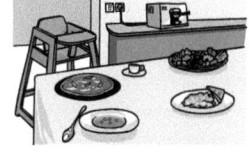

salamanze

ruokahuone

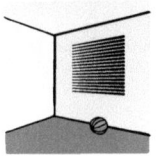

sali
lattia

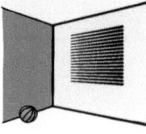

miray
seinä

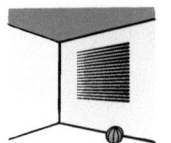

plafon
katto

lakav
kellari

sona
sauna

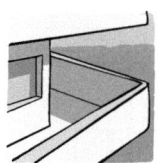

balkon
parveke

teras
terassi

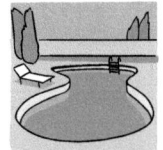

pisinn
uima-allas

masinn koup gazon
ruohonleikkuri

dra
lakana

kwet
päiväpeitto

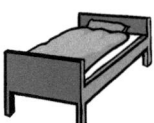

lili
sänky

balie
harja

seo
ämpäri

take lalimier
katkaisin

salon
olohuone

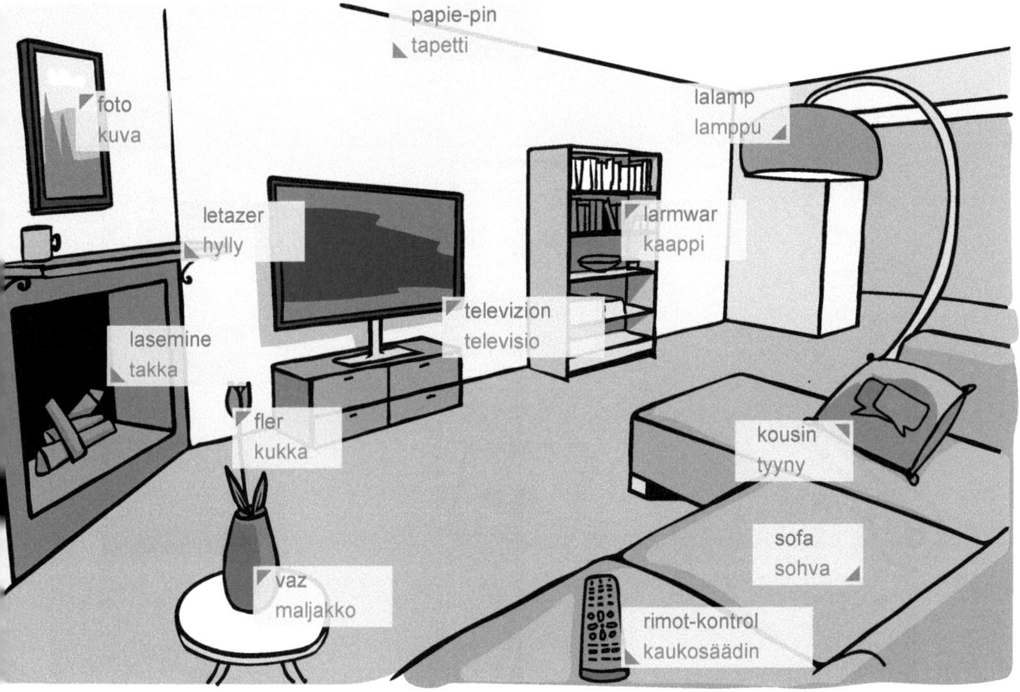

papie-pin
tapetti
foto
kuva
lalamp
lamppu
letazer
hylly
larmwar
kaappi
televizion
televisio
lasemine
takka
fler
kukka
kousin
tyyny
sofa
sohva
vaz
maljakko
rimot-kontrol
kaukosäädin

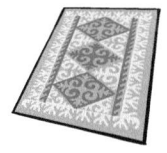

tapi	rido	latab
matto	verho	pöytä
sez	rocking chair	fotey
tuoli	keinutuoli	nojatuoli

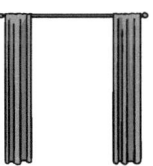

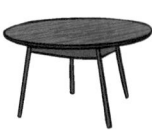

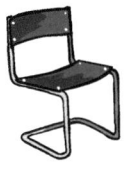

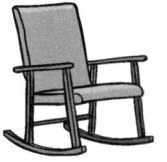

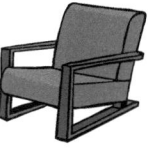

liv

kirja

kouvertir

peitto

dekorasion

koriste

dibwa foye

polttopuut

fim

elokuva

hi-fi

stereot

lakle

avain

zournal

sanomalehti

lapintir

maalaus

poster

juliste

radio

radio

bloknot

muistivihko

laspirater

pölynimuri

kaktis

kaktus

labouzi

kynttilä

lakwizinn
keittiö

frizider
jääkaappi
mikro-ond
mikroaaltouuni
balans
keittiövaaka
toaster
leivänpaahdin
deterzan
pesuaine
four
leivinuuni
frizer
pakastinlokero
poubel
roska-astia
lav-vesel
astianpesukone

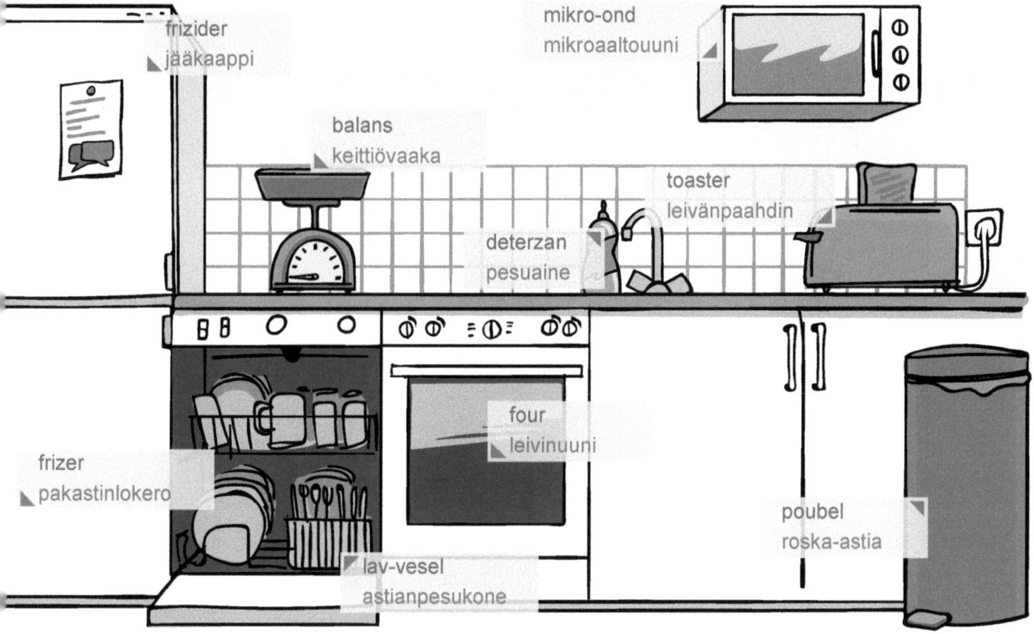

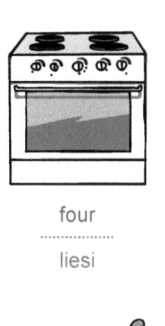

four
liesi

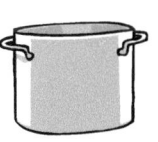

kasrol
kattila

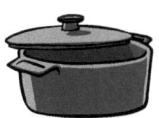

marmit
rautapata

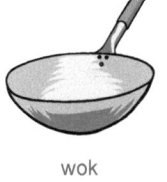

wok
vokkipannu / kadai-pannu

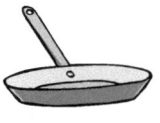

pwal
paistinpannu

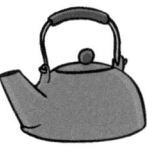

boulwar
teepannu

steamer

höyrykeitin

plak kwison

uunipelti

vesel

astiat

goble

muki

bol

kulho

baget sinwa

syömäpuikot

lous

kauha

spatil

paistinlasta

fwet

vispilä

paswar

siivilä

tami

siivilä

larap

raastin

mortie

mortteli

griyad

grilli

lasemine

avotuli

biyo
....
leikkuulauta

roulo
....
kaulin

tirbouson
....
korkinavaaja

bwat konserv
....
purkki

ouvbwat
....
purkinavaaja

legan proteksion
....
pannulappu

lavabo
....
lavuaari

bros
....
tiskiharja

leponz
....
pesusieni

blender
....
tehosekoitin

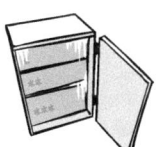

konzelater
....
pakastin

bibron
....
tuttipullo

robine
....
vesihana

saldebin
kylpyhuone

sofaz
lämmitys
dous
suihku
serviet
pyyhe
rido dous
suihkuverho
bin mousan
vaahtokylpy
benwar
kylpyamme
ver
lasi
masinn lave
pesukone
robine
vesihana
karo
kaakelit
potsam
potta
lavabo
lavuaari

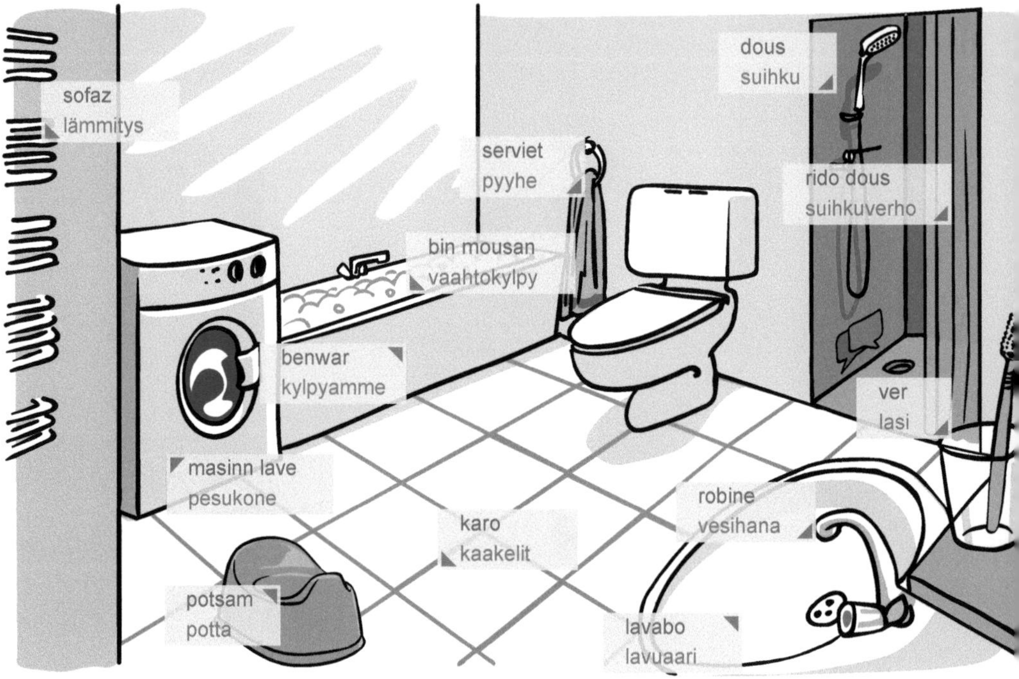

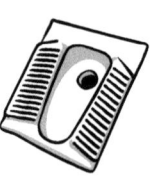

twalet
vessa

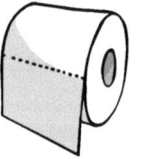

twalet
kyykkyvessa

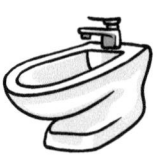

bide
bidee

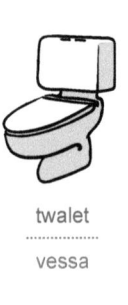

piswar
pisuaari

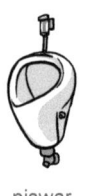

papie twalet
vessapaperi

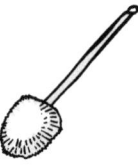

bros twalet
vessaharja

bros ledan

hammasharja

dantifris

hammastahna

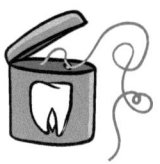

fil danter

hammaslanka

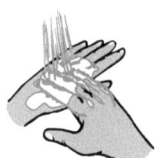

lave

pestä

ti-bin

käsisuihku

dous

intiimisuihku

basin

pesuvati

bros ledo

selkäharja

savon

saippua

zel dous

suihkugeeli

sanpwin

shampoo

gandebin

pesulappu

drin

viemäri

lakrem

voide

deodoran

deodorantti

mirwar

peili

mirwar

käsipeili

razwar

partaveitsi

lamous pou raze

partavaahto

apre-razaz

partavesi

pengn

kampa

bros

harja

seswar

hiustenkuivaaja

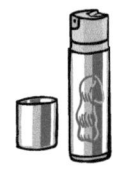

lak

hiuslakka

makiyaz

meikki

dirouz

huulipuna

verni

kynsilakka

cotton wool

pumpuli

tay-zong

kynsisakset

parfin

hajuvesi

trous twalet

kosmetiikkalaukku

stoul

jakkara

balans

vaaka

penwar

kylpytakki

legan netwayaz

kumihansikkaat

tanpon

tamponi

serviet izienik

terveysside

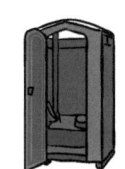

twalet simik

kemiallinen wc

lasam zanfan
lastenhuone

revey
herätyskello
doudou
pehmolelu
ti loto
leikkiauto
ose
helistin
lakaz zouzou
nukkekoti
kado
lahja

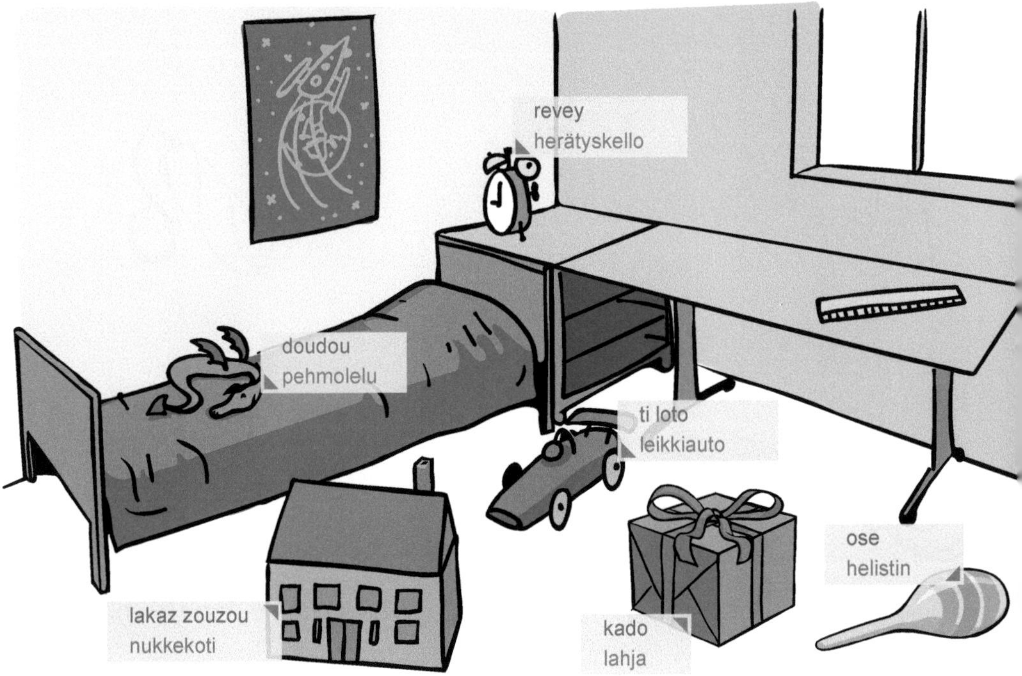

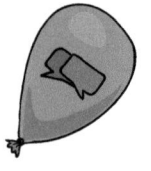

balon

ilmapallo

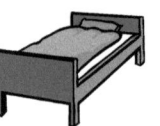

lili

sänky

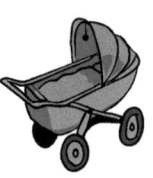

pouset

lastenvaunut

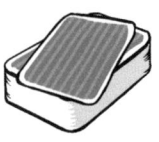

kart

korttipeli

puzzle

palapeli

SUPER
MEGA

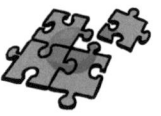

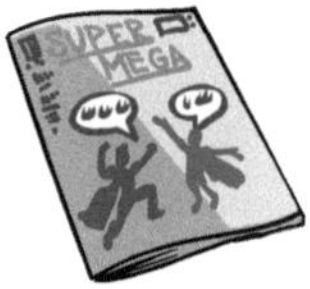

tikomik

sarjakuva

lego
legopalikat

lego
rakennuspalikat

figirinn
supersankari

grenouyer
potkupuku

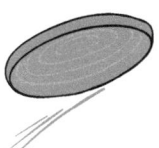

frisbee
frisbee

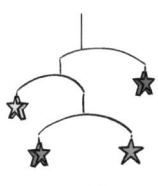

mobil
mobile

zwe
lautapeli

lede
noppa

trin zouzou
pienoisjunarata

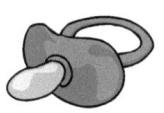

siset
tutti

fet
juhlat

liv ek zimaz
kuvakirja

boul
pallo

poupet
nukke

zwe
leikkiä

bak-a-sab

hiekkalaatikko

balanswar

keinu

zouzou

lelut

game

pelikonsoli

trisik

kolmipyörä

nounours

nalle

larmwar

vaatekaappi

linz

vaatteet

soset

sukat

leba

nylonsukat

kolan

sukkahousut

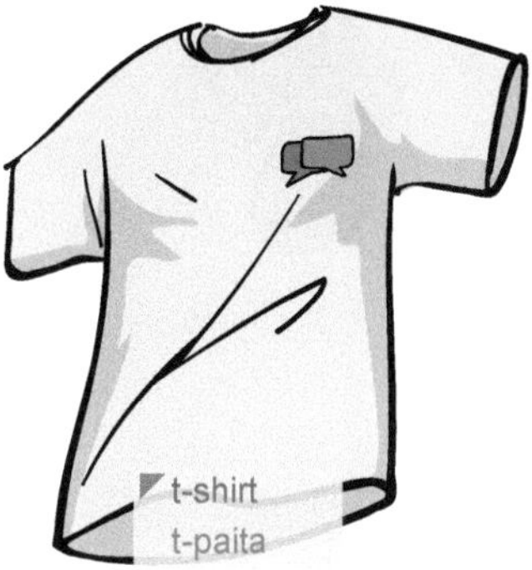

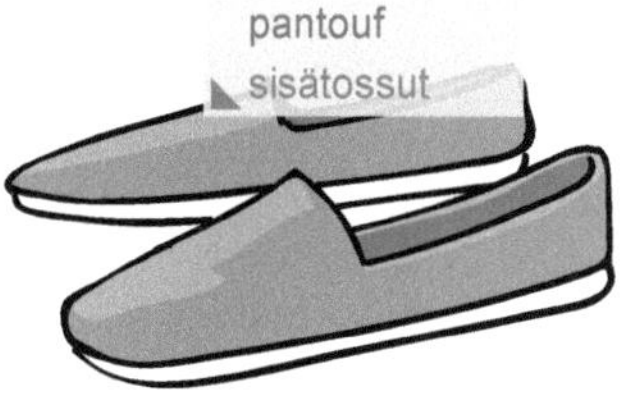

esarp
kaulaliina

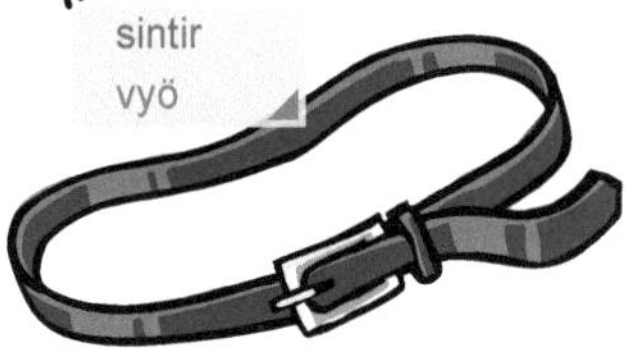

parapli
sateenvarjo

sintir
vyö

t-shirt
t-paita

bot
saappaat

pantouf
sisätossut

tenis
lenkkarit

sandalet
....
sandaalit

soulie
....
kengät

bot an karotsou
....
kumisaappaat

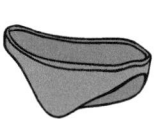

souvetman
....
alushousut

soutiengorz
....
rintaliivit

vest
....
aluspaita

body
body

pantalon
housut

jeans
farkut

zip
hame

blouz
pusero

simiz
paita

pull-over
villapaita

blouzon ek kapison
collegepaita

vest
jakku

jaket
takki

manto
takki

pardesi
sadetakki

kostim
puku

rob
mekko

rob lamarye
hääpuku

kostim

puku

robdesam

yöpaita

pizama

pyjama

sari

shari

foular

päähuivi

tirban

turbaani

bourka

burka

kaftan

kaftaani

abaya

abaya

mayo de bin

uimapuku

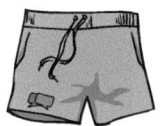

mayo de bin

uimahousut

sorti de sekour

shortsit

linz spor

verkkarit

tabliye

esiliina

legan

käsineet

bouton

nappi

linet

silmälasit

brasle

rannekoru

kolie

kaulakoru

bag

sormus

zanon

korvakoru

bone

lippalakki

sint

ripustin

sapo

hattu

kravat

solmio

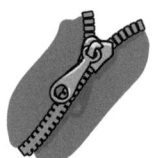

fermetirekler

vetoketju

elmet

kypärä

bretel

henkselit

iniform lekol

koulupuku

iniform

univormu

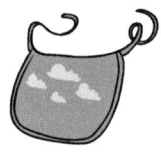

bavwar

ruokalappu

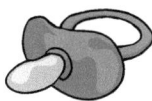

siset

tutti

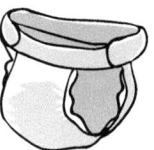

lanz

vaippa

biro

toimisto

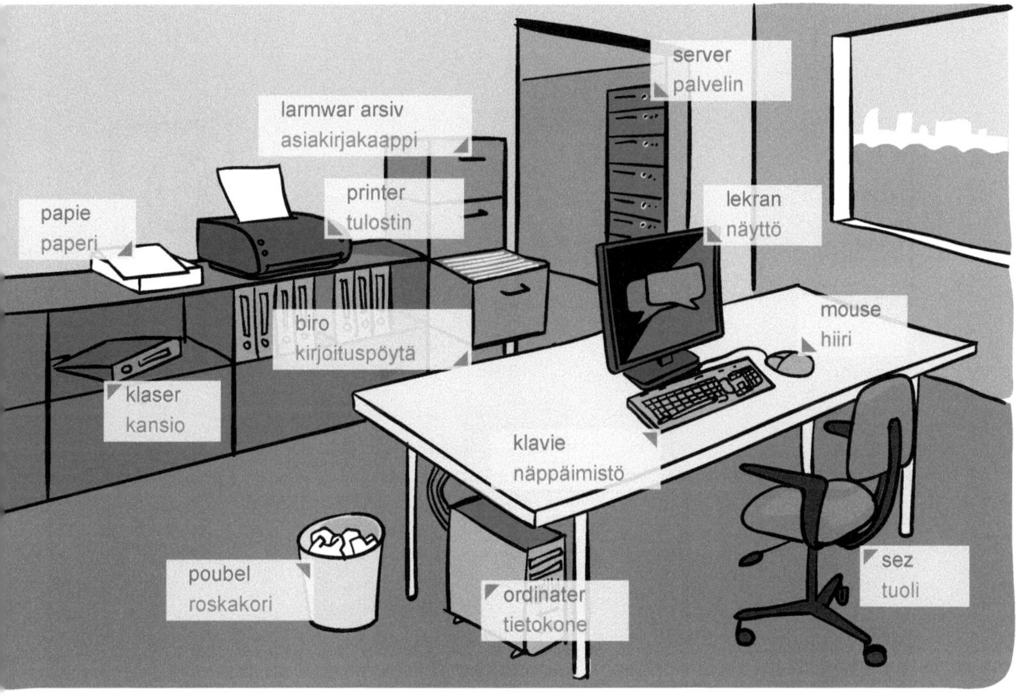

server
palvelin
larmwar arsiv
asiakirjakaappi
printer
tulostin
papie
paperi
lekran
näyttö
mouse
hiiri
biro
kirjoituspöytä
klaser
kansio
klavie
näppäimistö
poubel
roskakori
ordinater
tietokone
sez
tuoli

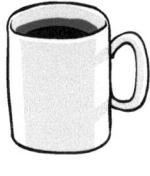

mug

kahvimuki

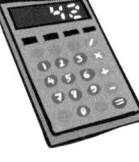

kalkilatris

taskulaskin

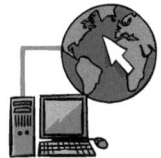

internet

internet

laptop

kannettava tietokone

let

kirje

mesaz

viesti

portab

kännykkä

rezo

verkko

fotokopi

kopiokone

lozisiel

ohjelmisto

telefonn

puhelin

priz

pistorasia

fax

faksi

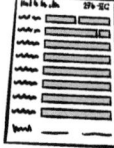

form

lomake

dokiman

asiakirja

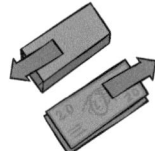

aste

ostaa

peye

maksaa

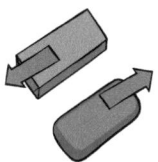

fer biznes

vaihtaa

larzan

raha

dolar

dollari

euro

euro

yen

jeni

rouble

rupla

fran swis

frangi

renminbi yuan

renminbi juan

roupi

rupia

distribiter biye

pankkiautomaatti

biro sanz

rahanvaihto

lor

kulta

larzan

hopea

petrol

öljy

lenerzi

energia

pri

hinta

kontra

sopimus

tax

vero

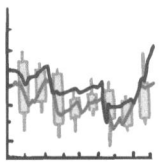

aksion

osake

travay

työskennellä

anplwaye

työntekijä

anplwayer

työnantaja

lizinn

tehdas

magazin

liike

travay
ammatit

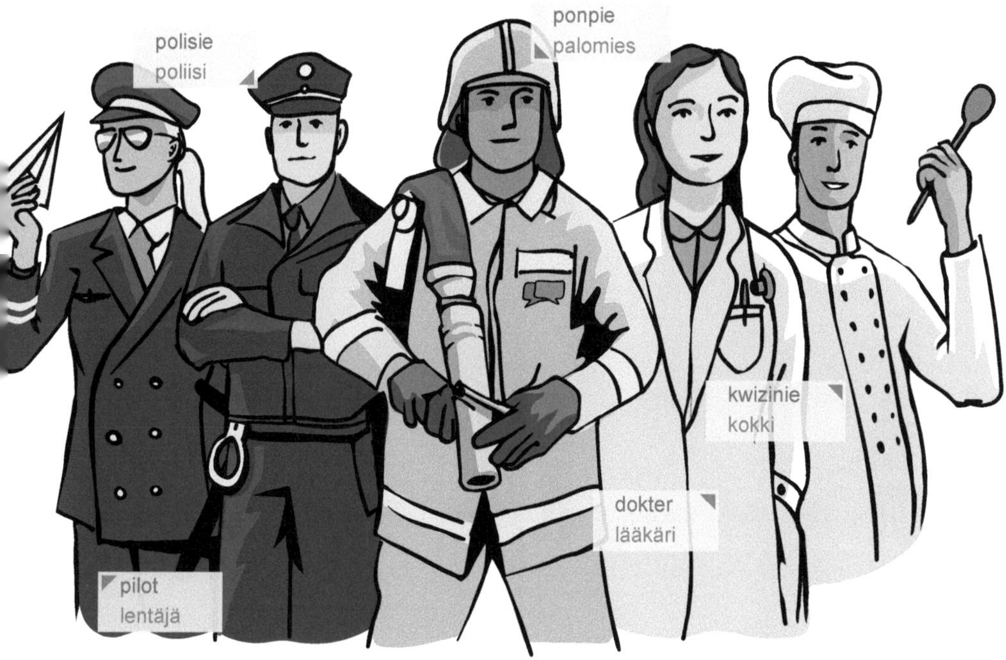

polisie
poliisi
ponpie
palomies
kwizinie
kokki
dokter
lääkäri
pilot
lentäjä

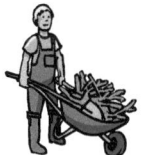

zardinie
puutarhuri

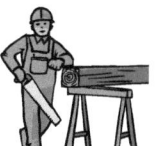

sarpantie
puuseppä

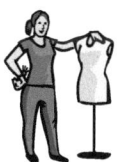

koutirier
ompelija

ziz
tuomari

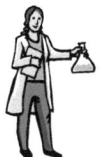

simis
kemisti

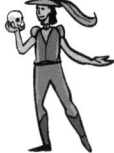

akter
näyttelijä

sofer bis

linja-autonkuljettaja

sofer taxi

taksinkuljettaja

peser

kalastaja

bonn

siivooja

zouvriye twa lakaz

katontekijä

server

tarjoilija

saser

metsästäjä

pint

maalari

boulanze

leipuri

elektrisien

sähköasentaja

zouvriye

rakentaja

inzenier

insinööri

bouse

teurastaja

plonbie

putkiasentaja

fakter

postinjakaja

solda

sotilas

arsitek

arkkitehti

kesie

kassanhoitaja

fleris

floristi

kwafez

kampaaja

chek

konduktööri

mekanisien

mekaanikko

kapitenn

kapteeni

dantis

hammaslääkäri

siantis

tiedemies

rabi

rabbi

imam

imaami

mwann

munkki

pret

pappi

zouti
työkalut

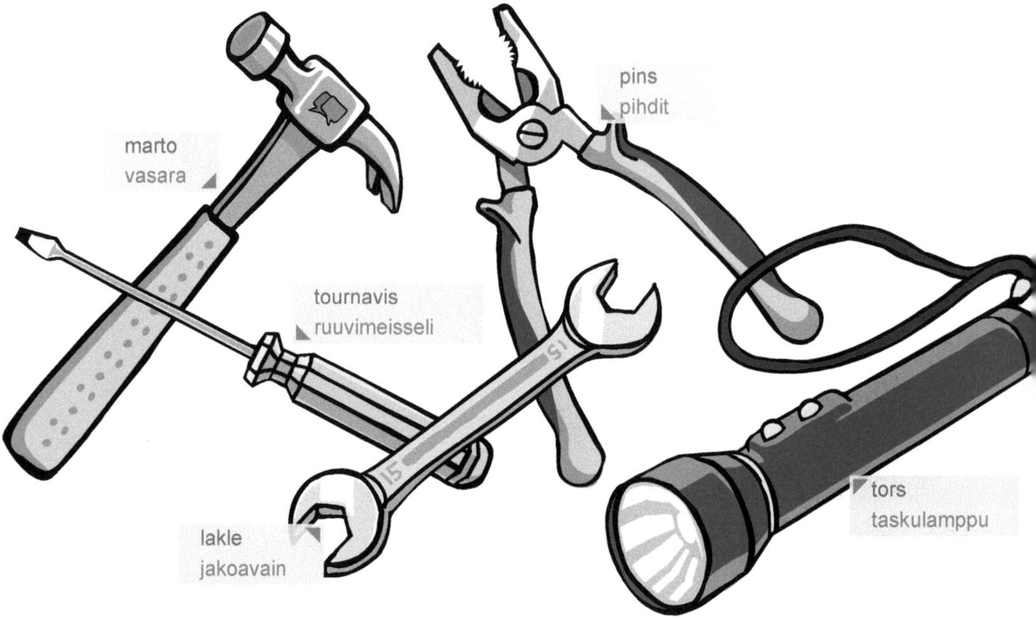

marto
vasara
pins
pihdit
tournavis
ruuvimeisseli
lakle
jakoavain
tors
taskulamppu

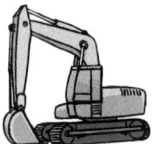

peltez
kaivinkone

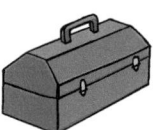

bwat zouti
työkalupakki

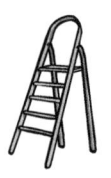

lesel
tikkaat

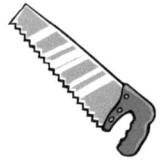

lasi
saha

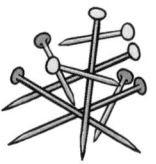

koulou
naulat

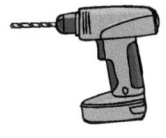

persez
pora

aranze
korjata

lapel
lapio

Ayo!
Hitto!

lapel
rikkalapio

po lapintir
maalipurkki

vis
ruuvit

instriman lamizik
soittimet

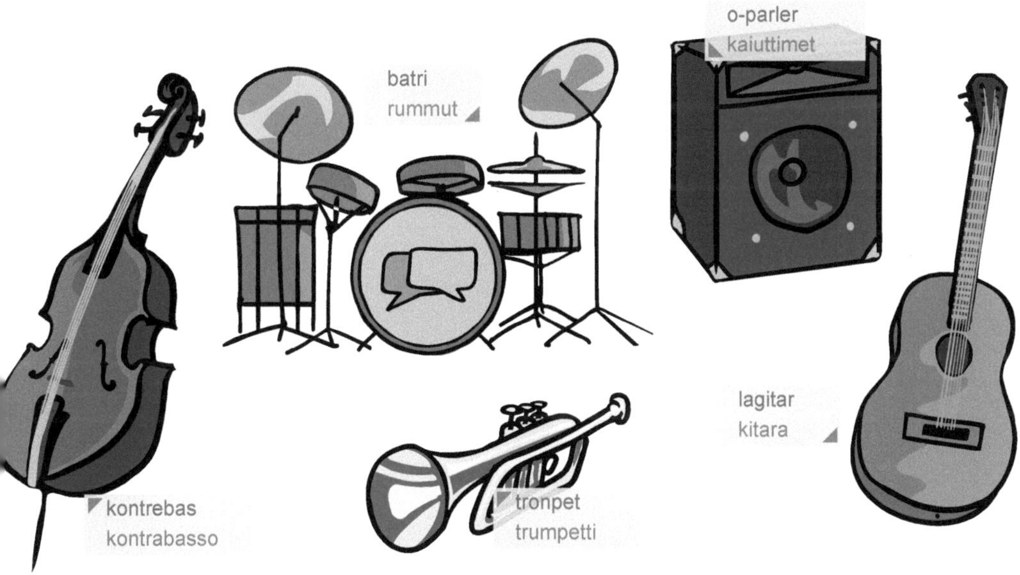

o-parler
kaiuttimet

batri
rummut

lagitar
kitara

kontrebas
kontrabasso

tronpet
trumpetti

piano

piano

violon

viulu

bas

basso

tinbal

patarummut

tanbour

rumpu

klavie

kosketinsoitin

saxofonn

saksofoni

laflit

huilu

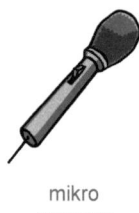

mikro

mikrofoni

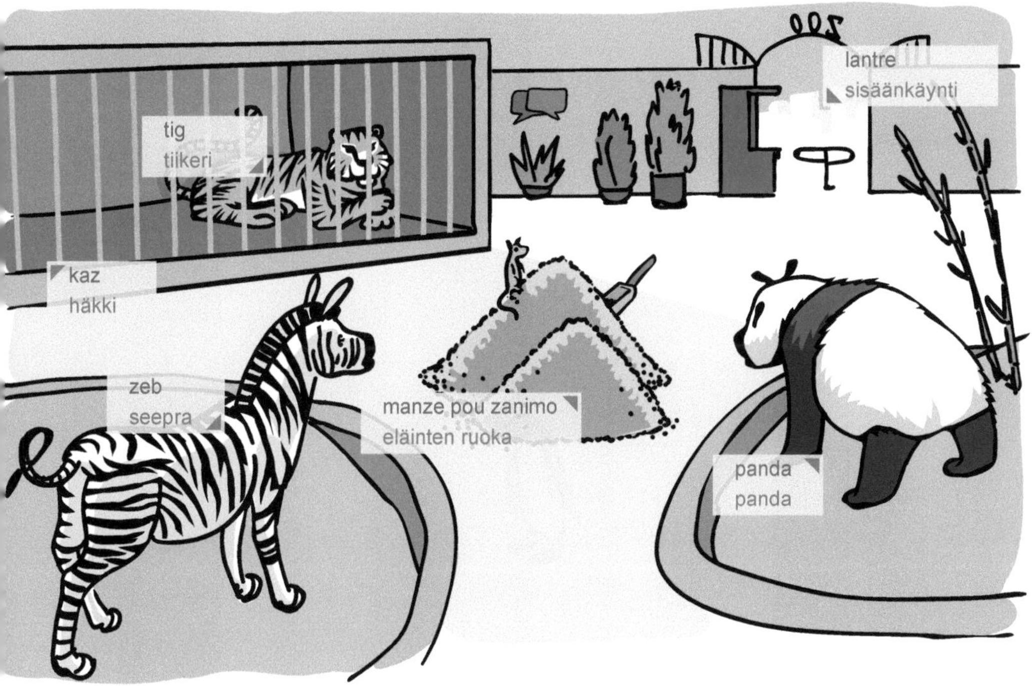

lantre
sisäänkäynti

tig
tiikeri

kaz
häkki

zeb
seepra

manze pou zanimo
eläinten ruoka

panda
panda

zanimo

eläimet

lelefan

norsu

kangourou

kenguru

rinoceros

sarvikuono

gori

gorilla

lours

karhu

samo

kameli

lotris

strutsi

lion

leijona

zako

apina

flaman roz

flamingo

peroke

papukaija

lours poler

jääkarhu

pingwi

pingviini

rekin

hai

pan

riikinkukko

serpan

käärme

krokodil

krokotiili

gardien zoo

eläintarhanhoitaja

fok

hylje

zagwar

jaguaari

poney
poni

leopar
leopardi

ipopotam
virtahepo

ziraf
kirahvi

leg
kotka

sangliye
villisika

pwason
kala

torti
kilpikonna

mors
mursu

renar
kettu

gazel
gaselli

foutborl ameriken
amerikkalainen jalkapallo

siklism
pyöräily

tenis
tennis

basketball
koripallo

natasion
uinti

labox
nyrkkeily

oke lor gazon
jääkiekko

foutborl
jalkapallo

badminton
sulkapallo

atletism
yleisurheilu

handball
käsipallo

ski
hiihto

polo
poolo

aktivite
aktiviteetit

sote
hypätä
sante
laulaa
maye
halata
riye
nauraa
marse
kävellä
reve
unelmoida
priye
rukoilla
anbrase
suudella

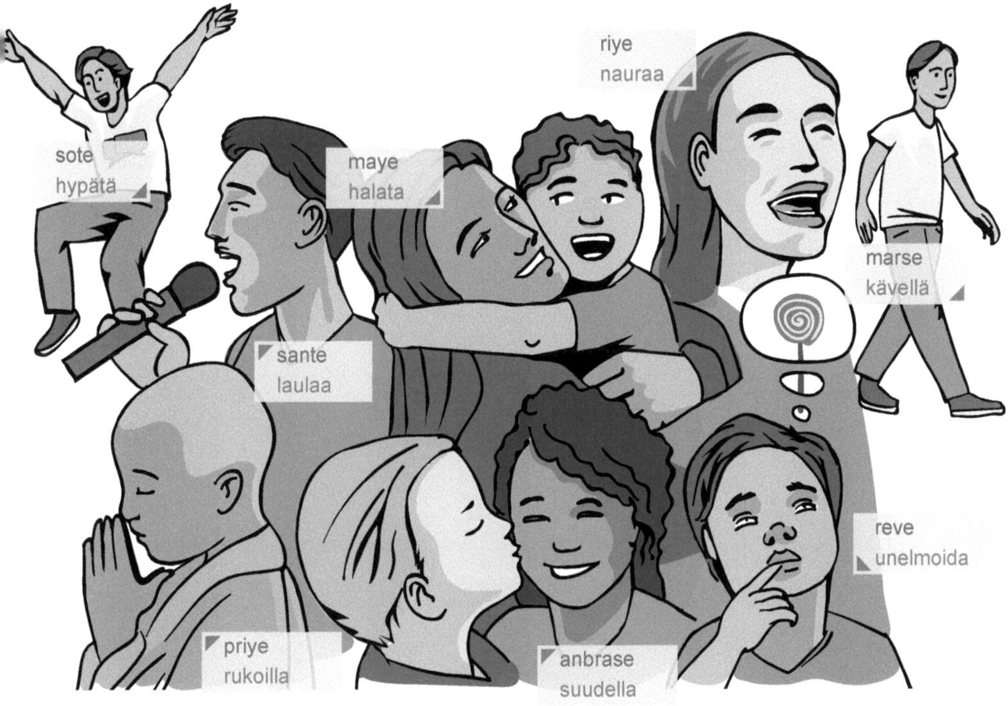

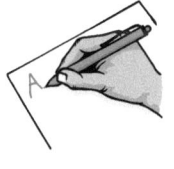

ekrir

kirjoittaa

desine

piirtää

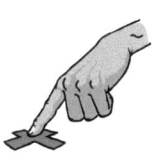

montre

näyttää

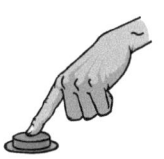

pouse

painaa

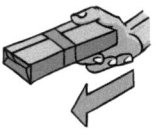

done

antaa

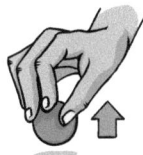

pran

ottaa

ena
omistaa

fer
tehdä

ete
olla

diboute
seisoa

galoupe
juosta

rise
vetää

zete
heittää

tonbe
kaatua

alonze
maata

atann
odottaa

amene
kantaa

asize
istua

abiye
pukeutua

dormi
nukkua

leve
herätä

gete

katsoa

plore

itkeä

karese

silittää

pengne

kammata

koze

puhua

konpran

ymmärtää

dimande

kysyä

ekoute

kuunnella

bwar

juoda

manze

syödä

netwaye

siivota

kontan

rakastaa

kwi

keittää

kondir

ajaa

anvole

lentää

fer lavwal

purjehtia

kalkile

laskea

lir

lukea

aprann

oppia

travay

työskennellä

marye

mennä naimisiin

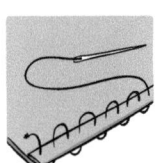

koud

ommella

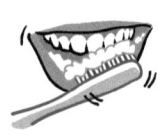

bros ledan

pestä hampaat

touye

tappaa

fime

tupakoida

avoye

lähettää

fami
perhe

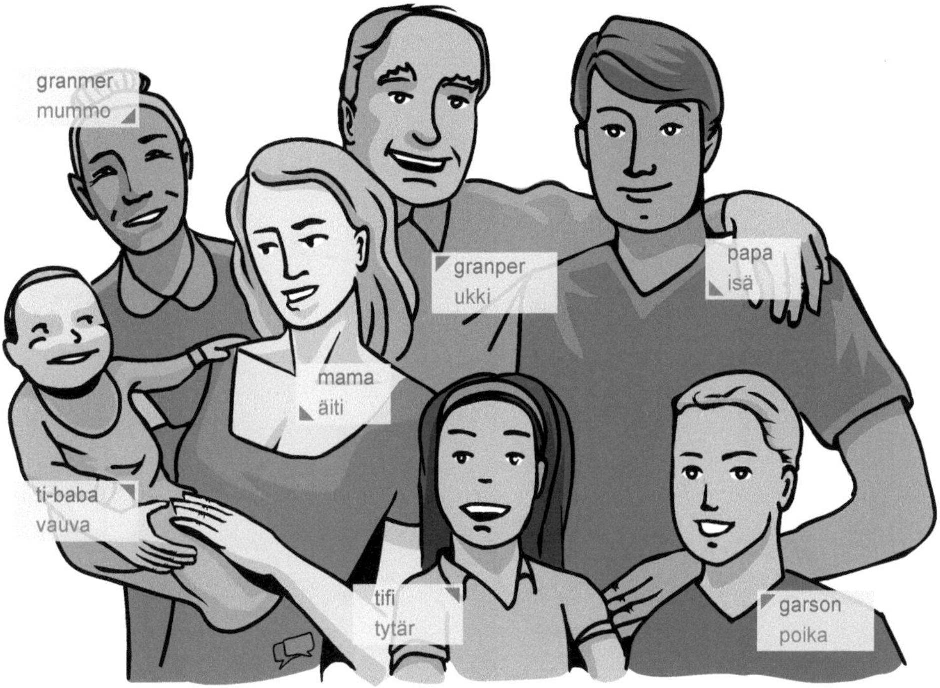

granmer
mummo
granper
ukki
papa
isä
mama
äiti
ti-baba
vauva
tifi
tytär
garson
poika

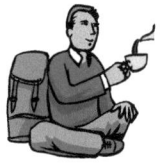

ot

vieras

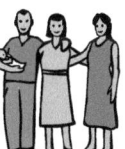

matant

täti

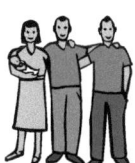

tonton

setä

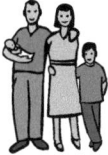

frer

veli

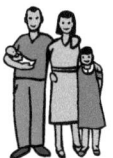

ser

sisko

lekor

vartalo

fron
otsa
lizie
silmä
figir
kasvot
manton
leuka
tete
rinta
ledwa
sormet
lame
käsi
lebra
käsivarsi
zepol
olkapää
lazam
jalka

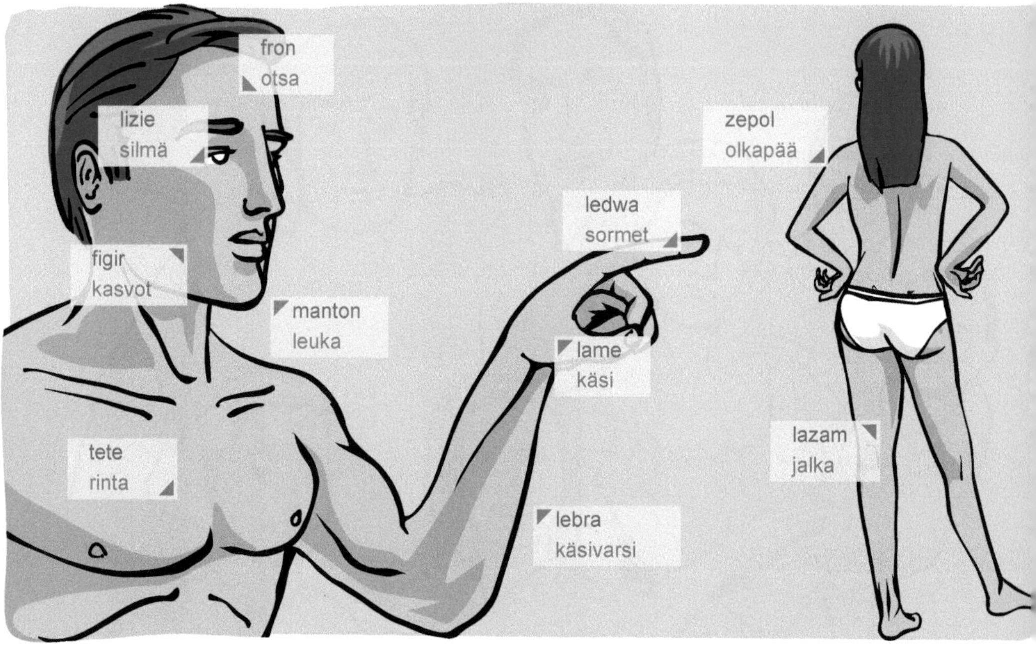

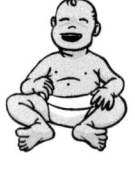

ti-baba

vauva

zom

mies

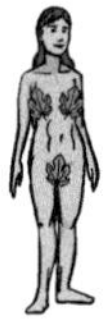

fam

nainen

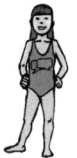

tifi

tyttö

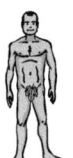

ti-garson

poika

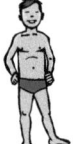

latet

pää

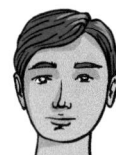

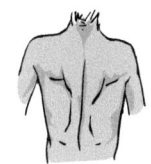

ledo

selkä

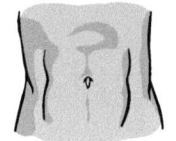

vant

maha

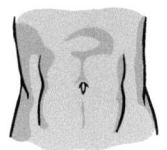

lonbri

napa

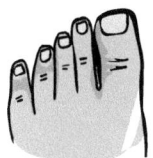

zortey

varvas

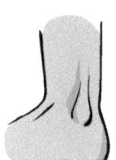

talon

kantapää

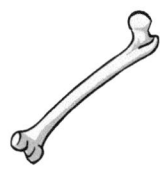

lezo

luu

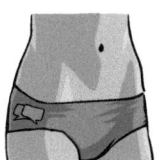

laans

lantio

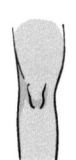

zenou

polvi

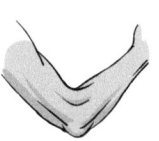

koud

kyynärpää

nene

nenä

fes

takapuoli

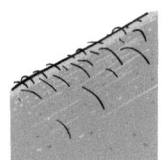

lapo

iho

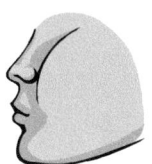

lazou

poski

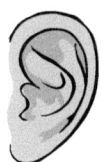

zorey

korva

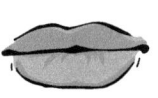

lalev

huuli

labous
suu

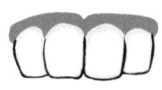

ledan
hammas

lalang
kieli

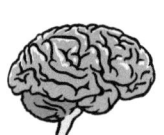

servo
aivot

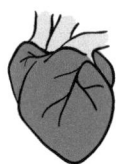

leker
sydän

mix
lihas

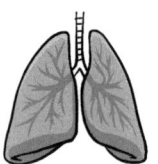

poumon
keuhkot

lefwa
maksa

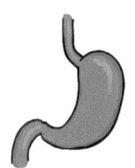

lestoma
vatsa

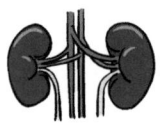

lerin
munuaiset

sex
seksi

kapot
kondomi

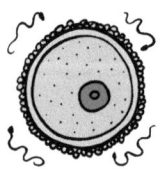

ovil
munasolu

sperm
sperma

groses
raskaus

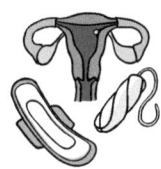

period
....
kuukautiset

vazin
....
vagina

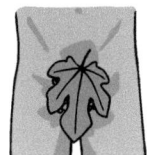

penis
....
penis

soursi
....
kulmakarvat

seve
....
hiukset

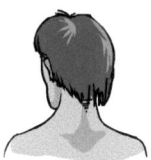

likou
....
niska

lopital
sairaala

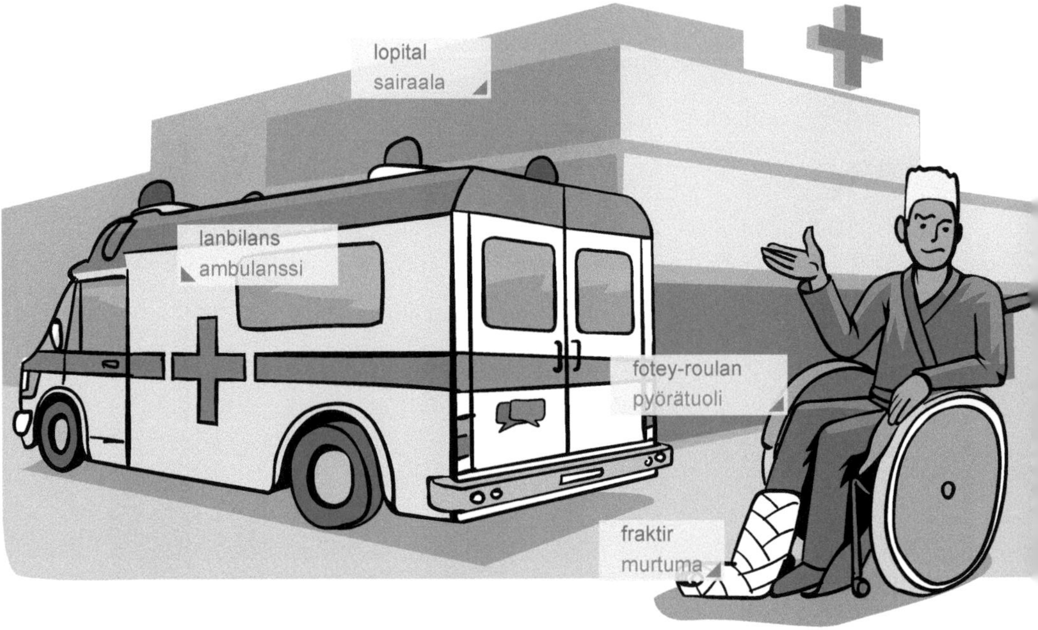

lopital
sairaala
lanbilans
ambulanssi
fotey-roulan
pyörätuoli
fraktir
murtuma

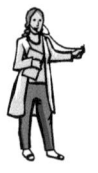

dokter

lääkäri

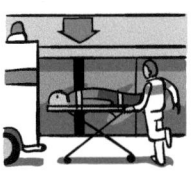

servis irzans

ensiapu

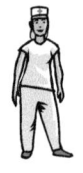

ners

sairaanhoitaja

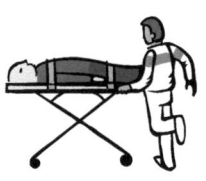

irzans

hätätilanne

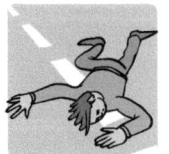

inkonsian

tajuton

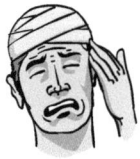

douler

kipu

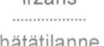

	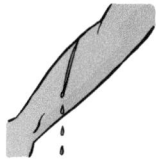	
blesir	emorazi	kriz kardiak
vamma	verenvuoto	sydänkohtaus

atak serebral	alerzik	touse
aivoinfarkti	allergia	yskä

lafiev	lagrip	diare
kuume	flunssa	ripuli
	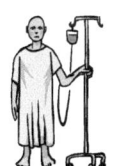	
malad latet	kanser	diabet
päänsärky	syöpä	diabetes

sirirzien	skalpel	operasion
kirurgi	veitsi	leikkaus

CT
ct

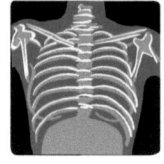

x-ray
röntgen

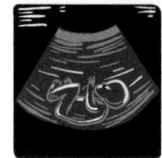

iltrason
ultraääni

mask
maski

maladi
sairaus

sal-datant
odotushuone

beki
sauva

pansman
laastari

bandaz
side

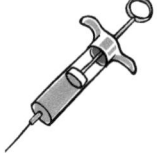

inzeksion
pistos

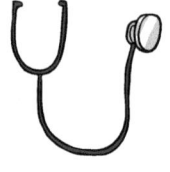

stetoskop
stetoskooppi

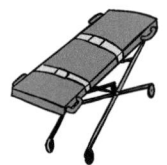

brankar
paarit

termomet
kuumemittari

nesans
syntymä

sirpwa
ylipaino

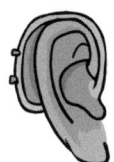

laparey oditif

kuulolaite

dezinfektan

desinfiointiaine

infeksion

infektio

viris

virus

HIV / SIDA

HIV / AIDS

medsinn

lääke

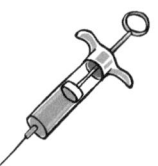

vaksinasion

rokotus

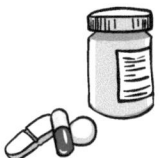

konprime

tabletit

pilil kontraseptif

pilleri

korl irzans

hätäpuhelu

laparey tansion

verenpainemittari

malad / bien

sairas / terve

o-sekour

Apua!

alarm

hälytys

atak

ryöstö

atak

hyökkäys

danze

vaara

sorti de sekour

hätäuloskäynti

Dife!

Tulipalo!

laponp dife

palosammutin

aksidan

onnettomuus

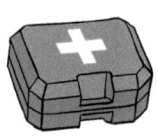

kit first aid

ensiapulaukku

SOS

SOS

lapolis

poliisilaitos

lerop

Eurooppa

Lamerik di nor

Pohjois-Amerikka

Lamerik di sid

Etelä-Amerikka

lafrik

Afrikka

lazi

Aasia

lostrali

Australia

latlantik

Atlantin valtameri

pasifik

Tyynimeri

losean indien

Intian valtameri

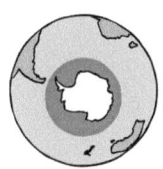

losean antartik

Eteläinen jäämeri

losean artik

Pohjoinen jäämeri

Pol Nor

pohjoisnapa

Pol Sid

etelänapa

lantartik

Antarktis

later

maa

later

maa

lamer

meri

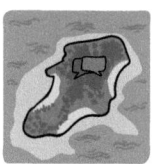

zil

saari

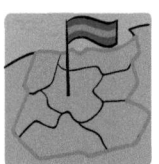

nasion

kansa

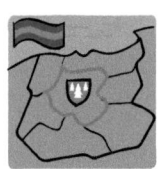

leta

osavaltio

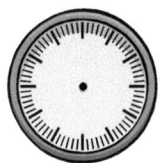

kadran
kellotaulu

zegwi ler
tuntiviisari

zegwi minit
minuuttiviisari

zegwi segonn
sekuntiviisari

ki ler la ?
Paljonko kello on?

zour
päivä

letan
aika

aster-la
nyt

mont dizital
digitaalikello

minit
minuutti

ler
tunti

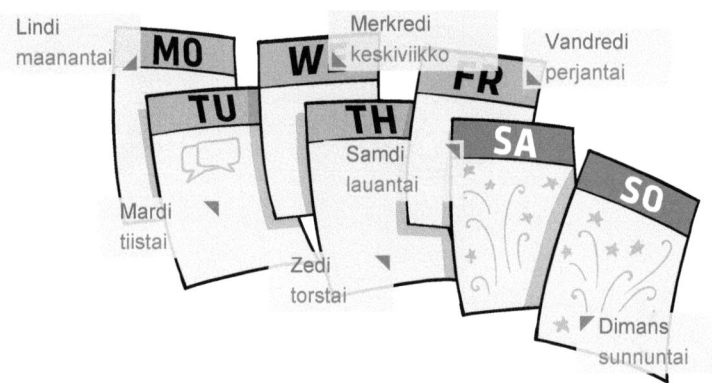

Lindi
maanantai

Merkredi
keskiviikko

Vandredi
perjantai

Mardi
tiistai

Samdi
lauantai

Zedi
torstai

Dimans
sunnuntai

yer
....
eilen

zordi
....
tänään

demin
....
huomenna

gramatin
....
aamu

midi
....
keskipäivä

aswar
....
ilta

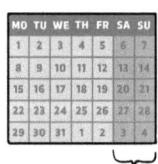

zour travay
....
työpäivät

wikenn
....
viikonloppu

lane
vuosi

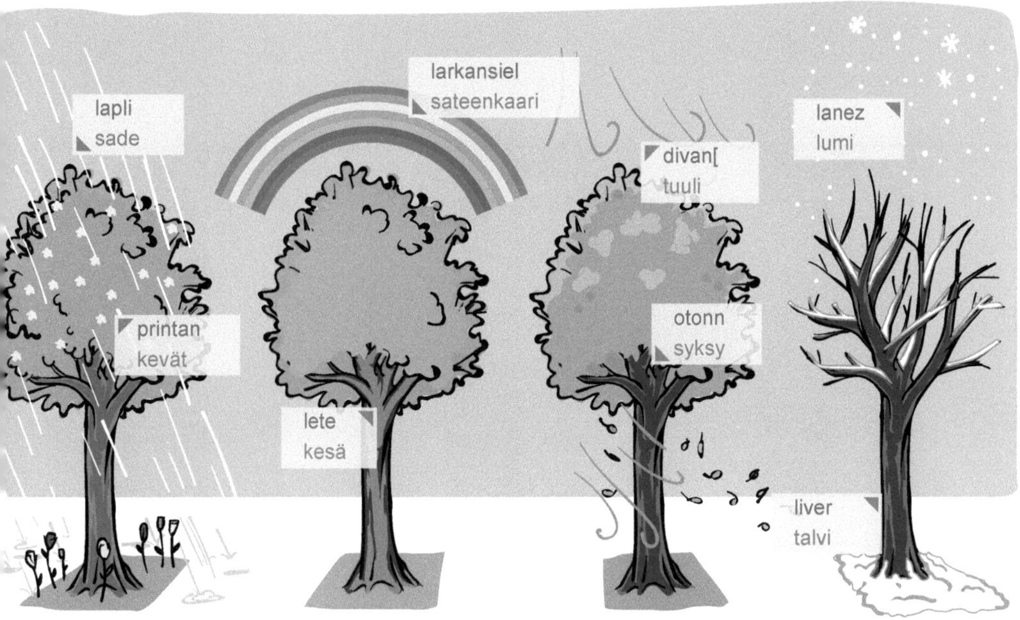
lapli
sade
larkansiel
sateenkaari
lanez
lumi
divan[
tuuli
printan
kevät
otonn
syksy
lete
kesä
liver
talvi

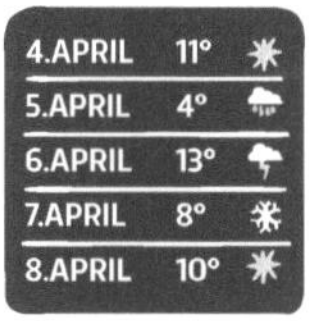
4.APRIL 11°
5.APRIL 4°
6.APRIL 13°
7.APRIL 8°
8.APRIL 10°

meteo
sääennuste

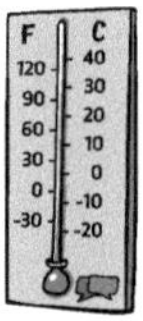
F C
120 40
90 30
60 20
30 10
0 0
-30 -10
-20

termomet
lämpömittari

lalimier soley
auringonpaiste

niaz
pilvi

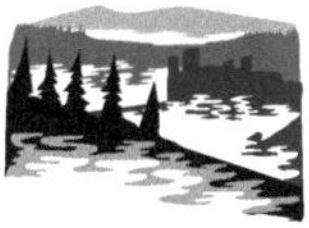

brouyar
sumu

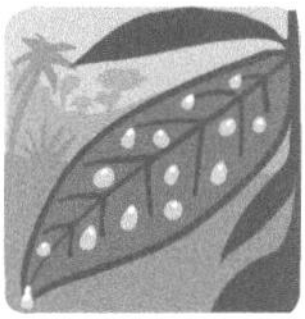

limidite
ilmankosteus

lafoud

salama

toner

ukkonen

tanpet

myrsky

lagrel

rae

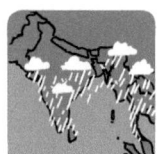

mouson

monsuuni

inondasion

tulva

laglas

jää

Zanvie

tammikuu

Fevriye

helmikuu

Mars

maaliskuu

Avril

huhtikuu

Me

toukokuu

Zien

kesäkuu

Zilie

heinäkuu

Out

elokuu

Septam

syyskuu

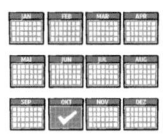

Oktob

lokakuu

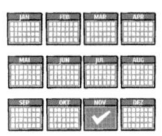

Novam

marraskuu

Desam

joulukuu

form
muodot

ron

ympyrä

kare

neliö

rektang

suorakulmio

triang

kolmio

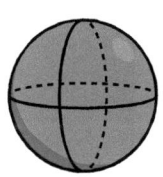

sfer

pallo

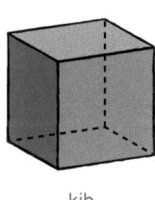

kib

kuutio

värit

blan
....
valkoinen

zonn
....
keltainen

oranz
....
oranssi

roz
....
vaaleanpunainen

rouz
....
punainen

mov
....
violetti

ble
....
sininen

ver
....
vihreä

maron
....
ruskea

gri
....
harmaa

nwar
....
musta

boukou / enn tigit

paljon / vähän

ankoler / kalm

vihainen / ystävällinen

zoli / vilin

kaunis / ruma

koumansman / lafin

alku / loppu

gro / tipti

suuri / pieni

kler / obskirite

vaalea / tumma

frer / ser

veli / sisko

prop / sal

puhdas / likainen

konple / inkonple

täydellinen / epätäydellinen

lizour / lanwit

päivä / yö

vivan / mor

kuollut / elävä

larz / sere

leveä / kapea

komestib / inkomestib

syötävä / syömäkelvoton

move / bon

paha / kiltti

exsite / agase

innostunut / tylsistynyt

gra / mins

lihava / laiha

premie / dernie

ensimmäinen / viimeinen

kamwad / lennmi

ystävä / vihollinen

ranpli / vid

täysi / tyhjä

dir / mou

kova / pehmeä

lour / leze

painava / kevyt

fin / swaf

nälkä / jano

malad / bien

sairas / terve

ilegal / legal

laiton / laillinen

intelizan / kouyon

älykäs / tyhmä

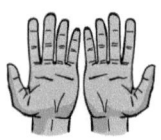

gos / drwat

vasen / oikea

pre / lwin

lähellä / kaukana

nouvo / ize

uusi / käytetty

nanye / kiksoz

ei mitään / jotain

vie / zenn

vanha / nuori

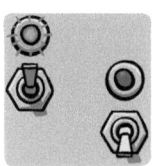

demare / arete

päällä / pois päältä

ouver / ferme

auki / kiinni

trankil / for

hiljainen / äänekäs

ris / pov

rikas / köyhä

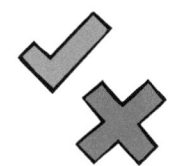

bon / move

oikein / väärin

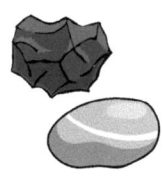

brit / lis

karhea / sileä

tris / zwaye

surullinen / iloinen

kourt / long

lyhyt / pitkä

lan / rapid

hidas / nopea

tranpe / sek

märkä / kuiva

so / fre

lämmin / viileä

lager / lape

sota / rauha

numerot

0	**1**	**2**
zero	enn	de
nolla	yksi	kaksi
3	**4**	**5**
trwa	kat	sink
kolme	neljä	viisi
6	**7**	**8**
sis	set	wit
kuusi	seitsemän	kahdeksan
9	**10**	**11**
nef	distribiter biye	onz
yhdeksän	kymmenen	yksitoista

12

douz

kaksitoista

13

trez

kolmetoista

14

katorz

neljätoista

15

kinz

viisitoista

16

sez

kuusitoista

17

diset

seitsemäntoista

18

dizwit

kahdeksantoista

19

diznef

yhdeksäntoista

20

vin

kaksikymmentä

100

san

sata

1.000

mil

tuhat

1.000.000

milyon

miljoona

Angle

englanti

Angle Lamerik

amerikanenglanti

Mandarin Sinwa

mandariinikiina

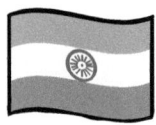

Hindi

hindi

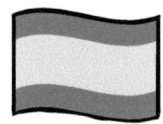

espagnol

espanja

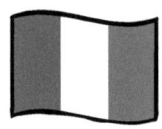

Franse

ranska

Arab

arabia

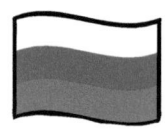

Ris

venäjä

Portige

portugali

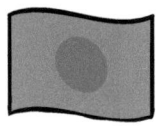

Bengali

bengali

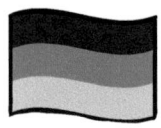

Alman

saksa

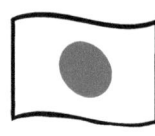

Zapone

japani

mo

minä

to

sinä

li

hän

nou

me

ou

te

zot

he

kisana?

kuka?

kiete?

mitä / mikä?

kouma?

miten?

kotsa?

missä?

kan?

milloin?

nom

nimi

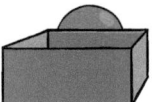

deryer

takana

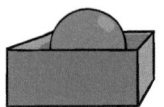

dan

sisällä

devan

edessä

lor

yläpuolella

lor

päällä

anba

alapuolella

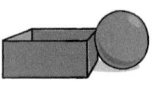

akote

vieressä

ant

välissä

plas

paikka